AF245380

COUP-D'ŒIL

SUR

L'ÉTAT DES FINANCES

DE L'ESPAGNE.

IMPRIMERIE DE J. TASTU,

Rue de Vaugirard, n. 36.

COUP-D'ŒIL

SUR

L'ÉTAT DES FINANCES

DE L'ESPAGNE

AU MOIS DE JUILLET 1829.

PAR

M. DE OVIEDO.

PARIS

CHEZ LES MARCHANDS DE NOUVEAUTÉS.

1829

OJEADA

SOBRE EL ESTADO DE LA HACIENDA DE ESPAÑA

EN JULIO DE 1829.

EL desprecio con que mira el Gobierno español, las calumnias que le prodigan los periodicos extrangeros, aun aquellos que se titulan defensores de las Monarquías legitimas, podria, acaso, imprimir en el publico inexperto, alguna especie de desconfianza, sobre el estado economico-político de aquel país, que en los primeros dias de su restauracion, se pintó como el foco de la mas completa anarquía, contenida, violentamente, por las tropas auxiliares que ocupaban sus principales fortalezas, y que, despues de su evacuacion, no encuentran otro medio para denigrarlo, que atacar su religiosidad, presentándolo, como el Estado mas exhausto de recursos, y en la absoluta imposibilidad de llenar las obligaciones que contrajo, para escaparse de la atmosfera revolucionaria, en que contribuyeron á colocarlo; los mismos que oy la acriminan de insolvente, por no haber reconocido los onerosos emprestitos, contratados, para enriquecer á agentes de la revolucion, é inflamar sus devoradoras llamas. Mas combencidos de que en economia-política, los mejores argumentos, son los que se apoyan con cifras y hechos positivos, enumeraremos los actos de este Gobierno, tan injustamente atacado, para comprobar, no solo la exactitud y buena fé que ha manifestado desde su restauracion, síno tambien,

COUP-D'ŒIL

L'ÉTAT DES FINANCES DE L'ESPAGNE

AU MOIS DE JUILLET 1829.

L'INDIFFÉRENCE avec laquelle le gouvernement espagnol voit les calomnies que lui prodiguent les journaux étrangers, même ceux qui se proclament les défenseurs des monarchies légitimes, pourrait peut-être inspirer, au public mal instruit, une sorte de méfiance sur l'état financier de ce pays, qui fut représenté, dès les premiers temps de sa restauration, comme le foyer de la plus complète anarchie contenue violemment par les troupes alliées qui occupaient ses principales forteresses. Depuis l'évacuation ces mêmes feuilles périodiques ne trouvent plus d'autre moyen pour dénigrer l'Espagne, que d'attaquer sa bonne foi, et de la peindre comme un État tout-à-fait dénué de ressources ; dans l'impossibilité absolue de remplir les obligations qu'elle a contractées pour se sortir de l'atmosphère révolutionnaire dans laquelle elle fut plongée, au moins en partie, par ceux-là mêmes qui aujourd'hui la taxent d'insolvabilité, parce qu'elle n'a pas voulu reconnaître les emprunts onéreux contractés pour enrichir les agens de la révolte et activer le feu de ses flammes dévorantes ; mais, convaincus qu'en pareille matière, les meilleurs argumens sont ceux qu'on appuie par des chiffres et des faits positifs, nous énumérerons les actes de ce gouvernement si injustement attaqué pour prouver, non-seulement l'exactitude et la loyauté qu'il a manifestées depuis son rétablisse-

que jamas ha presentado mas garantías, fisícas y morales, que en el momento, en que una faccion, compuesta de hombres ambiciosos, ó agraviados, moviliza todos los resortes, á fin de inspirar en el publico, la desconfianza de los efectos españoles, para desacreditar á enemigos personales, y hacer un agiotage lucrativo, en perjuicio de los especuladores incautos.

El gobierno español restablecido á su lejitimo Soberano en octubre de 1823 y en la critica posicion en que le habian colocado, los diferentes partidos que dividian la Nacion, no vaciló en reconocer, para pagar exactisímamente como hasta aora lo ha efectuado el *emprestito real*, que conocido bajo el nombre de *Guebhard* se habia negociado en Paris de 16,700,000 pesos fuertes, repartido en 20 series á reembolzar por iguales partes en los 20 años consecutivos, á contar desde 1° de enero de 1825. Goze de 5 p. 0⁄0 pagadero en Paris, por simestres, en 1° de enero y 1° de julio de cada año.

A fin pues, de llenar con puntualidad esta obligacion, y remediar á quantos males afligian á un país abatido por una serie no interrumpida de desgracias, se expidió un real decreto, por Su Magestad Católica, en 8 de mayo de 1824, el cual autorizó la creacion, é inscripcion en el Gran-Libro de la Deuda publica, de una cantidad determinada de rentas, que no excediese la suma de 2,000,000 de pesos fuertes, y para subvenir, exactamente, á su pago, igualmente que á su reembolzo periodico, de 1 p. 0⁄0, fue asignada, por el mismo decreto, á la real caja de Amortizacion, una dotacion de dos millones, cuatrocientos mil pesos fuertes anuales.

En virtud de este decreto, y á proporcion que lo exijieron las urjencias del Estado, contrató el Gobierno, con su banquero en Paris, los emprestitos, á emisiones de la renta que circula, hasta la cantidad de 1,266,500 pesos fuertes, en cuya suma está incluso *lo convertido* del emprestido real Guebhard, componiendo el todo de

ment, mais encore que jamais il n'a présenté plus de garanties morales et matérielles que dans le moment où une faction, composée d'hommes ambitieux où mécontens, met en action tous ses ressorts pour inspirer au public la méfiance sur la solidité des effets espagnols, afin de décréditer des ennemis personnels, et d'agioter lucrativement aux dépens d'imprudens spéculateurs.

Rentré en octobre 1823 aux mains de son souverain légitime, le gouvernement espagnol, malgré la position critique dans laquelle l'avaient placé les divers partis qui déchiraient la nation, n'hésita pas à reconnaître, pour le solder exactement comme il l'a fait jusqu'à ce jour, l'emprunt royal connu sous le nom d'*emprunt Guébhard*, négocié à Paris, et s'élevant à la somme de 16,700,000 [1] piastres fortes réparties en vingt séries, à rembourser en vingt années consécutives à partir du 1er janvier 1825, et portant intérêt à 5 p. 0/0 payables par semestres à Paris aux 1er janvier et 1er juillet de chaque année.

Afin de remplir ponctuellement cette obligation et de remédier aux maux immenses qui affligeaient un pays abattu par une suite de désastres non interrompue, Sa Majesté Catholique rendit, le 8 mai 1824, un décret royal par lequel elle autorisa la création et l'inscription au grand-livre de la dette publique d'une quantité de rentes déterminée, et ne pouvant excéder la somme de 2,000,000 de piastres fortes : et pour subvenir à son paiement et au remboursement périodique de 1 p. 0/0, le même décret assigna, à la Caisse royale d'amortissement, une dotation de 2,400,000 piastres fortes.

En vertu de ce décret, et au fur et à mesure que l'ont exigé les besoins de l'Etat, le gouvernement a contracté, avec son banquier à Paris, les

---

[1] La piastre forte vaut 5 fr. 40 cent.

la renta emitida, $^5/_8$ partes, solamente, de la cantidad autorizada, debiéndose decir, en honor de la España, que para garantizar aun mas estos efectos, ha hipotecado, ademas de los suficientes recursos de la caja, los considerables productos del monopolio del tabaco, calculados en 4,000,000 de pesos fuertes, y por consiguiente, abundantes por sí solos, para cubrir estas obligaciones, en caso necesario : probándose en consequencia, no solo, no haber existido el exceso de emision de rentas que se ha supuesto *calumniosamente*, sino que el Gobierno se ha limitado, hasta aora, á la emision de una cantidad muy inferior, à la que le autorizó el citado decreto real, de 8 mayo de 1824, sín haber descuidado, ninguna de las atenciones que han exijido las circunstancias, y que han coincidido, felizmente, á la prosperidad, como indicaremos en adelante.

Entre las obligaciones que pesan sobre la caja de Amortizacion de España, figuran, igualmente, las inscripciones de renta 5 p. o/o entregadas por parte del Gobierno español, en virtud del combenio firmadc en Londres, en 28 de octubre de 1828 por Sus Magestades Católica y Britanica, en cantidad de 3,000,000 de pesos fuertes de capital, que podrán recojerse, en lo succesivo, á ciertas condiciones.

Tambien es á cargo de la misma, el pago de la suma de 80,000,000 de francos, reconocida, é inscripta, *provisionalmente*, en el Gran-Libro de la deuda publica española, á fabor del real tesoro de Francia, segun el tratado concluido, entre ambas potencias, en 30 de diciembre de 1828, goze de 3 p. o/o de interés, á devengar desde 1° de enero de 1829, y á pagar por simestres, igualmente que 2 p. o/o de amortizacion anual, habiendo sido satisfecho el prímer plazo, vencido el 1° de julio corriente, por D. Alejandro Aguado, Banquero de la Corte de España, en Paris, así que todas las sumas que ha debido pagar el Gobierno, hasta

emprunts ou émissions de rente qui circulent aujourd'hui sous le nom de *rente perpétuelle d'Espagne*, mais seulement jusqu'à la somme de
1,266,500 piastres fortes, y compris la portion
déjà convertie de l'*emprunt Guébhard*, c'est-à-dire
en tout les cinq huitièmes de la quantité autorisée.
On doit ajouter, à l'honneur de l'Espagne, que
pour plus forte garantie de ses valeurs, elle a hy-
pothéqué, outre les ressources suffisantes de la
Caisse d'amortissement, les produits considérables
du monopole des tabacs, évalués à 4,000,000 de
piastres fortes, et par conséquent susceptibles à
eux seuls de fournir, en cas de nécessité, au paiement de ces obligations. Il reste donc démontré
que non-seulement l'excès d'émission de rentes
supposé calomnieusement n'a pas existé, mais que
le gouvernement s'est restreint jusqu'aujourd'hui
à une somme très-inférieure à celle autorisée par
le décret royal du 8 mai 1824, sans avoir négligé
aucune des mesures exigées par les circonstances,
qui ont ramené la prospérité comme nous l'indi-
querons plus tard.

Parmi les charges qui pèsent sur la Caisse
d'amortissement figurent aussi les inscriptions de
rentes 5 pour 0/0 livrées par l'Espagne, en vertu
d'une convention signée à Londres le 28 octobre
1828, entre Leurs Majestés Catholique et Britannique, montant à la somme de 3,000,000 de piastres
fortes de capital qui pourront être retirées dans
l'avenir à certaines conditions.

La même Caisse est également chargée de l'ac-
quit de la somme de 80,000,000 de francs (reconnue et inscrite *par provision* au grand-livre de
la dette publique espagnole) au profit du Trésor
royal de France, en exécution du traité conclu
entre les deux puissances, le 30 décembre 1828,
à l'intérêt annuel de 3 p. 0/0, à compter du 1er jan-

el dia , tanto por intereses devengados, como para efectuar la amortizacion periodica de la renta perpetua , y reembolzo de las 5 series del emprestito real , que han sido sorteadas , con una exactitud y puntualidad no desmentida, respuesta la mas concluyente, para los que, injustamente, intentan desacreditarlo.

Al mismo tiempo que reconocia y consolidaba sus creditos *lejitimos*, se ocupaba la España de arreglar su administracion, del modo mas analogo á las costumbres de país, disminuyendo, en lo posible, las contribuciones directas, como las mas penosas, y de mas dificil recaudacion, en los momentos criticos, hasta que consiguió asegurarse de un presupuesto de ingresos, de 23,000,000 de pesos fuertes, del modo menos gravoso y sensible, sin contar la multitud de derechos, rentas, y propiedades, que se aplicaron, especialmente, á la real caja de Amortizacion, que se creó, productos, que se graduan en 5,000,000 de pesos, con lo que subviene á sus atenciones, con preferencia al extrangero, suma que goza una total independencia del real tesoro, y que debe aumentarse en lo succesivo, y á proporcion que se le apliquen los recursos, de que aun puede disponer, facilmente, el Gobierno [1].

En consequencia, y para nivelar los gastos, á fin de que no excediesen de la citada suma, unico medio de asegurar la puntualidad del servicio corriente, sin acudir á creditos suplementarios, se excitó, por Su Magestad, á los diversos ministerios, á hacer en sus respectivos ramos, las mas rigidas economias, á fin de arreglarse á las rentas fijas, que ingresaban en el real erario, lo que, felizmente, se verificó á mediados del año pasado de 1828 , reduciendo los gastos á 22,700,000 pesos

---

[1] Posteriormente, se le ha asignado por un decreto especial, una fuerte suma, para atender al pago de interés y amortizacion de las deudas reconocidas, á fabor de la Francia é Inglaterra, segun los ultimos tratados.

vier 1829, et payable par semestre, ainsi que 2 p. o/o d'amortissement également annuel. Ayant par les mains de M. Aguado, banquier de la cour d'Espagne à Paris, acquitté le premier terme échu le 1er juillet courant, comme aussi toutes les sommes qu'il devait payer jusqu'à ce jour, tant pour les intérêts échus que pour l'amortissement périodique de la rente perpétuelle, et le remboursement des cinq séries de l'emprunt royal désignées par le sort, le gouvernement a agi avec une ponctualité qui ne peut être démentie, et qui certes est la meilleure réponse à faire à ceux qui cherchent à le décréditer injustement.

L'Espagne, en même temps qu'elle reconnaissait et consolidait ses dettes *légitimes*, s'occupait de régler son administration de la manière la plus analogue aux mœurs du pays, en diminuant autant que possible les contributions directes, comme étant les plus pesantes et les plus difficiles à recouvrer dans les momens critiques; elle est enfin parvenue à s'assurer une rentrée présumée de 23,000,000 de piastres fortes, par le mode le moins onéreux et le moins sensible, sans compter la multitude de droits, de rentes, de propriétés dont fut dotée spécialement la caisse d'amortissement, qui a été créée depuis la restauration; revenus évalués à 5,000,000 de piastres, et avec lesquels elle peut subvenir à ses engagemens, principalement et par préférence à ceux contractés avec l'étranger. Cette dotation est totalement hors de la dépendance du trésor royal, et doit s'accroître encore successivement par l'application des ressources dont le gouvernement peut facilement disposer [1].

En conséquence, et pour balancer les dépenses

---

[1] Dernièrement, il lui a été dévolu, par décret royal et spécial, une forte somme annuelle, pour servir au paiement des intérêts et amortissement des dettes française et anglaise.

fuertes, en cuya suma se compreende *un millon, setecientos cinquenta mil pesos fuertes*, para el pago de
intereses, y reembolzo del emprestito real Guebhard;
siendo el resultado de este arreglo, tan satisfactorio,
como debe suponerse, habiendo sido satisfechas todas
las obligaciones, con la mayor puntualidad, y quedado
sobrante algunos fundos, por la diferencia de 300,000
pesos que aparece, y exceso de productos, en algunas
rentas. Estas economias no pueden dejar de continuar
en progresion, ya por mejoras que dicte la experiencia,
ya por que infinidad de empleados, sobrantes en todas
carreras, efecto de las circunstancias pasadas, y heren-
cia aun de nuestra opulencia en el Nuevo-Mundo,
dejan de existir, y por consequencia de pesar sobre el
Estado.

El efecto de tan sabias determinaciones ha hecho
aparecer un yris de tranquilidad en el país que ca-
mina, conocidamente, á su engrandecimiento, dedi-
cándose á fomentar toda especie de industria, de que le
hace subceptible su fertilisimo suelo.

La proteccion decidida que ha acordado, constante-
mente, el Gobierno á las empresas de capitalistas, que
se han asociado, en los diferentes puntos de la Monarquía, hacen esperar, que executados los planes, ó pro-
yectos que se han propuesto, serán otros tantos moti-
vos, para la prosperidad de una nacion, que abunda de
recursos, y que solo necesita asegurar su confianza.

Tampoco no deben olvidarse los esfuerzos que hizo el
Gabinete de Madrid, para poner en un pie respetable,
las fuerzas que su politica exijió mantener, en las fronteras del Portugal, ni tampoco, el movimiento que este
mismo ejército hizo, hacia las provincias de Cataluña y
Aragon, quando las disensiones de algunos ilusos per-
turbaron la tranquilidad de aquella pingüe é indus-
triosa parte de la Monarquía; esfuerzos, que manifesta-
ron á la Europa, la aptitud imponente del Gobierno,

avec les sommes précitées, unique moyen d'assurer le service courant sans recourir à des crédits supplémentaires, Sa Majesté invita ses ministres à introduire dans leurs départemens respectifs la plus rigide économie, afin de se régler sur les revenus fixes qui entrent au trésor royal. Ce but a été heureusement atteint vers le milieu de l'année passée, et les dépenses réduites à 22,700,000 piastres fortes, dans laquelle somme sont comprises 1,750,000 piastres fortes pour le paiement des intérêts et le remboursement de l'emprunt royal. Ce qui rend encore plus satisfaisant l'effet de ces sages mesures, c'est qu'après avoir rempli avec la plus grande exactitude toutes les obligations, il reste encore une plus value d'environ 300,000 piastres fortes, et que plusieurs branches des revenus ont dépassé les espérances. Ces économies ne peuvent que s'accroître à l'avenir, soit par les améliorations que conseillera l'expérience, soit par l'extinction d'une foule d'employés inutiles qui encombrent toutes les carrières, triste héritage des circonstances passées et aussi de notre ancienne opulence dans le Nouveau-Monde, mais dont le temps doit chaque jour alléger le poids pour le trésor.

Ces habiles déterminations ont fait briller sur le pays l'aurore de la tranquillité. Le peuple marche en connaissance de cause vers son développement, et se voue avec ardeur à la culture de tous les genres d'industrie que peut comporter un sol si fertile et si productif.

La protection déclarée que le gouvernement accorde constamment aux diverses entreprises des capitalistes associés sur plusieurs points de la monarchie, fait espérer que les plans ou projets proposés seront, après leur exécution, de nouveaux moyens de prospérité pour une nation qui n'a besoin que d'inspirer la confiance.

ofreciendo nuevos testimonios de la fidelidad y energia castellana.

El considerable ejército reunido en la isla de Cuba, cuya fuerza asciende á 24,000 hombres, apoyada por una escuadra poderosa y respetable, bajo la mejor disciplina, y en el mejor estado, ha hecho desaparecer los enemigos del golfo Mexicano, y hace esperar que el estandarte español aun dominará en aquel Nuevo-Mundo, que un puñado de ambiciosos ha entregado á la mas completa anarquia, en desprecio de su religion, de sus costumbres, y de los lazos que tantos siglos ha les proporcionaban la existencia mas tranquila, y que, bajo los seductores nombres de libertad é independencia, han trocado por desgracias, guerras civiles, suplicios, y persecuciones.

· El comercio libre concedido á las colonias españolas, ha constituido á la de Cuba en la posicion la mas brillante, hasta el punto que solo las rentas de aduanas han rendido en el año de 1828 7,000,000 de pesos; de modo, que luego que el ejército, y escuadra, que pesa exclusivamente sobre su tesoreria, reciva un nuevo destino, podrá, ella sola, ofrecer á la metropoli recursos muy poderosos, para cubrir los emprestitos y obligaciones contraidas, para asegurar la tranquilidad, primera base de la prosperidad publica.

El banco nacional de Madrid (llamado de San Carlos), cuyas acciones se ofrecian, casi sin curso, á 4 y 5 pesos fuertes, cada una, se operan en el dia, á 13 y 13 $^1/_2$, haciéndose, diariamente, considerables especulaciones.

La dependencia *moral* en que se halla este establecimiento, respecto del Gobierno, prueba hasta la evidencia, el grado de confianza que inspira la probabilidad de una mejora progresiva en todos los ramos, y la solidéz del Estado, cuya solicitud se ve dirigida á la felicidad general.

On ne doit pas oublier non plus les efforts que fit le cabinet de Madrid pour mettre sur un pied respectable les forces que sa politique lui prescrivait de maintenir sur les frontières du Portugal; ni le mouvement exécuté par cette même armée, vers les provinces de Catalogne et d'Aragon, quand les dissensions de quelques égarés troublèrent la tranquillité de cette riche et industrieuse portion de la monarchie. Ces efforts ont manifesté aux yeux de l'Europe la fermeté et l'aptitude du gouvernement, en donnant une nouvelle preuve de la fidélité et de l'énergie castillane.

Une armée considérable réunie dans l'île de Cuba, dont la force s'élève à vingt-quatre mille hommes, soutenue par une puissante escadre bien disciplinée et dans le meilleur état, a fait disparaître les ennemis du golfe de Mexique, et fait espérer que l'étendard espagnol dominera encore sur ce Nouveau-Monde qu'une poignée d'ambitieux a livré aux horreurs de l'anarchie, au mépris de la religion, des mœurs et des nœuds qui, depuis tant de siècles, lui procuraient une paisible existence que, par la séduction des mots de liberté et d'indépendance, ils ont échangée contre la guerre civile, les supplices et la persécution.

La liberté du commerce accordée aux colonies espagnoles a mis celle de Cuba dans la position la plus brillante, au point que le produit seul des douanes s'est élevé, en 1828, à 7,000,000 de piastres; de sorte que dès que l'armée et l'escadre qui sont aux frais de la colonie auront reçu une autre destination, elle pourra, à elle seule, offrir à la métropole des ressources puissantes pour couvrir les emprunts et les obligations contractées dans l'intérêt de la tranquillité, première base de la prospérité publique.

La banque nationale de Madrid, appelée *banque*

Los repetidos decretos, y reales ordenes expedidos,
en la ultima epoca, aplicando arbitrios, facilitando me-
dios, y proporcionando recursos para la construccion
y mejora de caminos, y seguimiento de los canales mas
interesantes, para multiplicar las comunicaciones y el
commercio interior, en la Monarquía, son garantias po-
sitivas de los constantes desvelos del Gobierno por la
prosperidad publica.

Los trabajos de la Junta de Aranceles, que ocupada,
de real orden, para perfeccionarlos, han merecido la
superior aprobacion, sostendrán la balanza del comercio
exterior, proporcionando, ventajosamente, la salida de
nuestros frutos, en cambío de otras mercaderias, que
aun nos son necesarias, evitando la ruinosa extraccion
del numerario, sin la que la España seria el país mas
rico del globo, conservando los caudales que recivió
durante tantos siglos, de sus vastisímas colonias.

El ultimo decreto que arregla de un modo mas eficaz,
el resguardo de las costas, y fronteras, disciplinándolo
militarmente, influirá de un modo sensible en el aumento de las rentas, destruyendo, de raiz, el hasta aora
escandaloso é inevitable contrabando.

Las comunicaciones del interior se aseguran y dilatan
de dia en dia, por medio de la especial proteccion que
dispensa el Gobierno, á la empresa de reales diligen-
cias, la cual ha conseguido arreglar, con moderacion,
los precios á los viageros, en todas las líneas, propor-
cionándoles comodidad, celeridad, y garantia de robos
en los transitos, cosa que era tan ordinaria, y que tanto
se exagera aun en los países extrangeros, lo que con-
tribuye á reanimar el comercio, agente el mas activo
de la prosperidad de los Estados.

de San Carlos, voyait ses actions presque sans cours offertes pour 4 ou 5 piastres chacune; elles valent à présent de 13 à 13 $\frac{1}{2}$, et il se fait chaque jour sur elles des spéculations considérables. La dépendance morale dans laquelle cette banque se trouve par rapport au gouvernement prouve jusqu'à l'évidence le degré de confiance qu'inspire la probabilité d'une amélioration progressive générale, et la solidité d'une administration dont chacun voit la constante sollicitude dirigée vers le bien-être public.

Les décrets répétés et les ordres royaux expédiés récemment pour aviser aux moyens de construire ou réparer les routes, d'assurer les fonds nécessaires et de poursuivre les travaux des canaux les plus importans pour multiplier les communications et le commerce intérieur de la monarchie, sont encore des gages certains des bienfaisantes vues du gouvernement.

Les travaux de la junte de *Aranceles* [1] qui, occupée par l'ordre du roi à les régulariser, a mérité sa suprême approbation, établiront une juste balance avec le commerce extérieur, en facilitant l'exportation avantageuse de nos produits en échange d'autres marchandises qui nous sont encore nécessaires, évitant ainsi la sortie ruineuse du numéraire, sans laquelle l'Espagne serait le pays le plus opulent du globe, puisqu'elle eût conservé les sommes transmises pendant tant de siècles par ses immenses colonies.

Le dernier décret, qui règle d'une manière efficace la garde des côtes et frontières en l'établissant militairement, doit exercer une influence sensible sur les revenus, en détruisant dans ses racines la scandaleuse contrebande jusqu'à présent inévitable.

Les communications intérieures s'étendent et

[1] Des droits de douanes à percevoir.

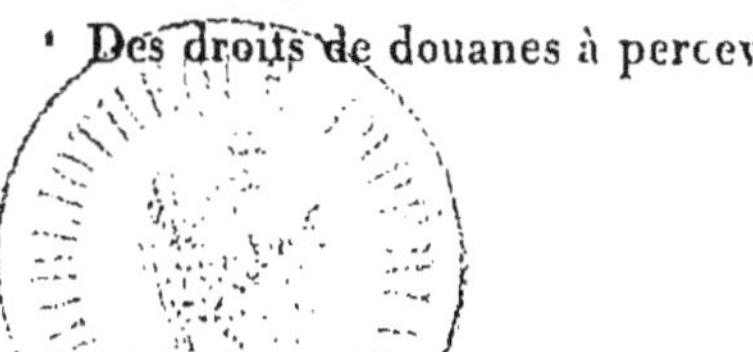

2

La moderacion que manifestó el rey, desde la vuelta de su cautiverio, fixándose por un decreto especial, la suma de dos millones de pesos fuertes, para los privados gastos de su real casa, ha continuado y continuará, no habiendo llegado jamas el caso de necesitar ní aun el total de la expresada suma, debiendose advertir que esta cantidad como debe suponerse está inclusa en los veinte y dos millones setecientos mil pesos fuertes del citado presupuesto de gastos.

La multitud de permisos ó reales facultades que se han concedido despues de la restauracion, para enagenar bienes vinculados, poniendo en circulacion gran parte de la propiedad estancada, contribuirá positivamente á la felicidad del país y por consiguiente á aumentará los recursos del erario.

Los terrenos y privilegios que se han concedido para fomentar la aclimatacion y cultivo de la cochinilla, tabaco, y otras producciones del Nuevo-Mundo, han hecho conocer la fertilidad de nuestro suelo y la supremacia que debe á la naturaleza comparada á los demas países, producciones que con el tiempo enriquecerán las provincias de Andalucia y Valencia, terrenos los mas analogos á la temperatura de tales semillas.

La proteccion que concede la direccion general de minas á los exploradores de las infinitas que se conocen en la Península, ha dado un impulso asombroso á los trabajos de las abundantes de plomo que se exploitan actualmente en el reyno de Granada, cuya provincia ya rica, por sus vastas cosechas de cañamos, cañas de azucar, y otras producciones de su fertilísimo suelo, ha adquirido en los ultimos tiempos, un aumento conocido en su prosperidad.

s'assurent de jour en jour au moyen de la protection spéciale que le gouvernement accorde à l'en-
treprise des diligences royales, qui est parvenue à
modérer ses prix, garantir aux voyageurs commo-
dité et célérité dans toutes les directions, et même
à les préserver de ces vols, si ordinaires autrefois,
bien qu'exagérés chez les étrangers : autre raison
pour voir se ranimer le commerce, agent le plus
actif de la richesse des États.

La modération que manifesta le roi, à la sortie
de sa captivité en France, se réduisant, par un décret spécial, à la somme de 2,000,000 de piastres
fortes pour sa liste civile, ne s'est pas démentie,
et continuera, le cas de dépasser ou d'atteindre
cette somme ne s'étant pas présenté. Ces 2,000,000
de piastres sont, on doit en avertir, compris dans
les 22,700,000 piastres du budget prévu des
dépenses.

La multitude de permissions ou royales autori-
sations accordées depuis le retour de l'autorité
légitime, pour l'aliénation des biens substitués, a
mis en circulation une grande partie de la pro-
priété foncière, et, en contribuant ainsi au bonheur
du pays, augmentera par suite les ressources du
trésor.

Les terrains et les priviléges, qui ont été concédés
comme encouragemens à la culture de la coche-
nille, du tabac et autres productions du Nouveau-
Monde, ont fait connaître la fertilité de notre sol
et la suprématie que la nature lui a donnée sur les
autres pays. Ces productions, avec le temps, en-
richiront les provinces d'Andalousie et de Valence,
dont la température se rapproche le plus de leur
climat natal.

L'appui que prête à tous les explorateurs la di-
rection générale des mines innombrables qui se
trouvent dans la Péninsule, a donné une impulsion

El decreto, recientemente expedido, que declara franco el comercio de Cadiz, debe considerarse como una medida de las mas sabias é importantes, tanto en la parte mercantil, por su situacion geografíca, dilatado puerto, y reunion de circunstancias, que le dan la preferencia sobre los demas de Europa, como en la parte politica, por el influxo de su opinion, y el arrojo que inspira en los pueblos una posicion desesperada, siendo indudable el movimiento que deben recivir los capitales, que aun conservaba estancados, en beneficio del vecindario mas culto de la Monarquía.

Esta determinacion debida exclusivamente á la decidida voluntad del Soberano, no puede menos de gravarse en el corazon de un pueblo que repetidamente ha hecho sacrificios considerables para ayudar al Gobierno, en circustancias criticas, siendo de esperar que en consequencia del oportuno reglamento aprobado, en el que se concília la seguridad de las personas y propiedades de los extrangeros que vayan á establecerse, igualándolos en derechos á los mismos habitantes, con mas la proteccion de sus respectivos consules, atraerá multitud de casas que contribuirán con sus riquezas, relaciones y conocimientos, á restablecer á aquel puerto la preeminencia que le corresponde por su singular posicion, que haciendola punto de deposito universal será centro de la riqueza del mundo.

Los derechos impuestos á la introduccion de farinas extrangeras en la isla de Cuba, proporcionan la salida de las cuantiosas cosechas que producen las campiñas fertiles de la vieja Castilla y han hecho de Santander uno de los puertos mas interesantes para el comercio con las posesiones ultramarinas.

étonnante aux travaux de celles de plomb, qui s'exploitent dans le royaume de Grenade : cette province, déjà si riche par ses belles moissons de chanvre, de cannes à sucre et autres fruits de ses fertiles campagnes, a vu sa prospérité croître sensiblement.

Le décret récemment expédié, qui déclare franc le commerce de Cadix, doit être considéré comme une mesure des plus sages et des plus importantes, tant sous le rapport mercantile, la situation géographique, l'étendue de ce port, et la réunion de circonstances qui le rendent supérieur à tous les autres en Europe, que sous le point de vue politique, par l'influence de l'opinion et la fin de l'effervescence dans laquelle une position désespérée plongeait des peuples qui vont profiter du mouvement indubitable que recevront les capitaux sans emploi sur un des points les plus policés de la Péninsule.

Cette détermination, due exclusivement à la ferme volonté du souverain, sera gravée dans les cœurs d'une ville qui a fait des sacrifices considérables pour aider le gouvernement dans des occasions critiques ; et l'on doit espérer de la sagesse du réglement approuvé, par lequel est garantie la sûreté des personnes et des propriétés des étrangers, et qui leur concède les mêmes droits qu'aux naturels, que protégés en outre par leurs consuls respectifs, on verra s'établir nombre de maisons qui, par leurs richesses, leurs relations et leur habileté, contribueront à replacer Cadix au rang supérieur que lui assure une position propre à le rendre l'entrepôt général des richesses du monde entier.

Les droits imposés sur l'introduction des farines étrangères dans l'île de Cuba facilitent la sortie des nombreuses moissons qui couvrent les plaines de la Vieille-Castille et font de Santander un des

Las fabricas de sederias que se trabajan en Sevilla, perfeccionándose cada dia, disminuyen la introduccion de este artículo, en beneficio del país, y economia de los consumidores.

Esta ciudad, una de las primeras de Europa, ha recibido un impulso extraordinario, ya por la facilidad que ha procurado á su rio el canal Fernandíno, executado por la real compañía del Guadalquivir, ya por los buques de vapor, ultimamente establecidos, que haciendo continuados viages, hasta San Lucar, Cadiz y Gibraltar, dilatan sus relaciones comerciales y dan salida á sus bellas producciones, que han recibido un aumento extraordinario por los vastos capitales que se han aglomerado en un punto, en que la prudencia y sabiduria de sus autoridades han sacado partido con su infatigable zelo, del país mas hermoso y fertil de la tierra. En el dia se trata de hacer navegable su caudoloso rio, hasta la provincia de Cordova, lo que procurando un riego abundante y necesario á las tierras por donde circule, multiplicará considerablemente los productos y por consequencia será la provincia mas poderosa de la Monarquía.

La extension dada al comercio de vinos de las campiñas de Xerez de la Frontera y al cultivo de la semillas de que es subceptible su suelo feraz, ha fixado en aquel punto, capitales considerables de los emigrados de las colonias insurgentes, siendo de esperar, que la proximidad del puerto franco de Cadiz, contribuyendo á la salida de sus frutos, multiplicará la exportacion, dando un nuevo impulso á sus abundantes y ricas producciones.

Los productos de la industría española, expuestos por primera vez en la corte de Madrid en los dos ultimos años, manifiestan el fomento que han recibido las artes, y la proteccion que el Gobierno dispensa á quantos se dedican á inventar, introducir, ó perfeccionar, qualquier idea que puede influir en su progresion ó mejora.

points les plus intéressans pour le commerce avec les possessions d'outre-mer.

Les fabriques de soieries établies à Séville, se perfectionnant journellement, diminuent les importations de ces marchandises au profit du pays et des consommateurs.

Cette ville, l'une des plus considérables de l'Europe, a reçu une impulsion immense, soit par la navigation de son fleuve, facilitée par l'achèvement du canal de Ferdinand, exécuté par la compagnie royale du Guadalquivir, soit par le récent établissement des bateaux à vapeur, qui, par des voyages continuels à San-Lucar, Cadix et Gibraltar, étendent ses relations commerciales, et offrent des débouchés à ses superbes produits, considérablement augmentés par les vastes capitaux qui se sont agglomérés sur un point où la sagesse et le zèle des autorités locales ont su tirer parti du pays le plus beau et le plus fertile de la terre. On s'occupe à présent de rendre le fleuve navigable jusqu'à la province de Cordoue, ce qui, procurant à celle-ci le moyen d'irrigation dont son terroir a besoin, multipliera ses productions à l'infini, et par suite la rendra l'une des plus riches de la monarchie.

L'extension donnée au commerce des vins des plaines de Xérès de la Frontera, et la culture des semences qui conviennent à ce sol fécond, ont fixé sur les lieux de nombreux capitaux apportés par les émigrans des provinces coloniales insurgées; il y a lieu d'espérer que la proximité du port franc de Cadix facilitera l'exportation de leurs récoltes, et les excitera à donner encore plus de soins à une terre qui ne demande qu'à payer le travail.

Les produits de l'industrie espagnole exposés pour la première fois à Madrid, pendant les deux dernières années, attestent l'élan qu'ont reçu les

Las obligaciones que el Gobierno contraxo á fabor de la Junta (llamada) de reemplazos, de Cadiz, han sido en mucha parte satisfechas despues de la restauracion, y nuevos repartos que se disponen disminuirán los capitales é intereses que resultan de estos creditos.

De las indemnizaciones que hizo la Francia, y que quedaron á cargo de la Corona de España, por el tratado de 1814, se ha satisfecho, ultimamente á los acreedores, un 30 p. o/o de sus creditos, continuándose asiduamente la liquidacion y cobranza, para el reintegro total, con un zelo verdaderamente infatigable.

Las reclamaciones que estaban pendientes entre los subditos del Gobierno Britanico y los de Su Magestad Católica, habiendo sido difinitivamente satisfechas, por el tratado de Londres, de 28 octubre de 1828, asegura la buena armonia entre ambos Gobiernos, y demuestra la religiosidad de la España para satisfacer sus obligaciones *lejitimas*.

El ultimo tratado concluydo con la Francia, en 30 de diciembre de 1828, en el que se combinó *interinamente*, como base, el reconocimiento por parte de la España, de una suma alzada, que gozase desde luego un interes y amortizacion, hasta tanto que el resultado de las mutuas reclamaciones fíxase difinitivamente el total; prueba, mas y mas, la buena fé de que se haya animado el Gobierno, y su constante deseo de acreditarlo.

El codigo de comercio, ultimamente aprobado, y mandado poner en execucion, destruyendo antiguas rutinas, que influxan, sobremanera, en la paralizacion de los negocios, al mismo tiempo que ofrece una proteccion á los especuladores, manifiesta la ocupacion del Gobierno en el arreglo difinitivo de todos los ramos.

arts et la faveur que dispense le gouvernement à quiconque se voue à l'invention, l'introduction ou le perfectionnement d'une méthode propre à favoriser l'amélioration ou les progrès.

Les obligations contractées par le gouvernement en faveur de la junte dite de *reemplazos*, à Cadix, ont été remplies en grande partie depuis la restauration; une nouvelle répartition va diminuer encore le capital et les intérêts qui résultent de ces crédits.

Sur les indemnités consenties par la France, qui restèrent à la charge de la couronne d'Espagne, par le traité de 1814, les créanciers ont reçu dernièrement 30 p. 100 sur leur titre : la liquidation, les recouvremens et toutes les mesures nécessaires pour arriver au paiement intégral se poursuivent avec un zèle vraiment infatigable.

Il a été fait droit aux réclamations élevées par les sujets de Sa Majesté Britannique vis-à-vis de ceux de Sa Majesté Catholique, par le traité définitif de Londres, daté du 28 octobre 1828. Ce traité, en assurant la bonne intelligence entre les deux gouvernemens, prouve avec quelle loyauté l'Espagne satisfait à ses obligations *légitimes*.

Le dernier traité conclu avec la France, le 30 décembre 1828, par lequel fut convenue, *provisoirement*, comme base la reconnaissance par l'Espagne d'une forte somme jouissant à l'instant d'un intérêt et d'un amortissement, jusqu'à ce que l'appuration des réclamations mutuelles permette de fixer le total définitif, montre de plus en plus la bonne foi qui anime le gouvernement, et combien est constant son désir de la faire connaître.

Le code de commerce récemment approuvé, et l'ordre de le mettre à exécution, détruisent d'antiques routines, dont l'effet était de paralyser les affaires. En même temps qu'il assure aide et pro-

El codigo civil, de que se ocupa arduamente una comision de personas de los mayores conocimientos, hace esperar que poniendo en orden á los inmensos volumenes de leyes contradictorias, que existen, inderogadas, en el dia, amenorarán considerablemente los litigios, germen de disenciones, y ruina de las familias.

El proyecto que madura el Gobierno, para la traslacion de las aduanas del Ebro á la frontera, dilatando el comercio, estrechando mas las relaciones, y uniendo los intereses del país Vascongado y reyno de Navarra con el resto de la nacion, procurará á estas industriosas y privilegiadas provincias la libre circulacion de sus frutos y cerrará la puerta al escandaloso contrabando, inevitable en el estado actual de cosas.

Toda esta reunion de actos que afirman la tranquilidad é inspiran la confianza, han atraido y atraen poderosos capítalistas refugiados de América, que habian residido interinamente en los países extrangeros, y buscando la analogia de caracter, costumbres, religion y clima, emplean su numerario en propiedades, que reciben un impulso sensible en manos que abundan de recursos para explotarlas y mejorarlas.

El cumulo de obligaciones perentorias que ha rodeado al Gobierno desde su restauracion no le ha permitido, hasta aora, ocuparse seriamente del arreglo de la deuda interior, sin embargo que la liquidada no ha sido totalmente desatendida segun lo han permitido las circunstancias, pero estamos penetrados de que el ministerio se ocupa eficacemente de ello, pudiendo adelantarse que su consolidacion facilitará recursos abundantes para atender á su amortizacion y exacto pago de los intereses, sin necesidad de disponer de los fondos ó arbitrios destinados

tection aux spéculateurs, il montre la sollicitude du gouvernement pour porter l'ordre et la stabilité dans toutes les branches de l'administration.

Le code civil, auquel une commission composée des hommes les plus éclairés consacre ses études assidues, fait espérer que la lumière jaillira enfin de ces immenses volumes de lois contradictoires, indéchiffrables aujourd'hui, et qu'on verra diminuer le nombre de ces procès qui troublent et ruinent les familles.

Le projet que mûrit le gouvernement, de reporter aux frontières la ligne de douanes établie aujourd'hui sur l'Ebre, donnera de l'extension au commerce, en resserrant les liens et réunissant les intérêts des provinces basques et du royaume de Navarre avec le reste de la nation, et procurera à ces contrées industrieuses et privilégiées la libre circulation de leurs produits en même temps qu'il mettra un terme à la scandaleuse contrebande, inévitable dans l'état actuel des choses.

Cette réunion d'actes qui assurent la tranquillité et inspirent la confiance, ont attiré et attirent chaque jour de puissans capitalistes, réfugiés américains qui viennent chercher chez nous l'analogie du caractère, des mœurs et du climat, après avoir premièrement établi leur résidence dans les pays étrangers; ils emploient leurs fonds à l'achat de propriétés dont la valeur augmentera rapidement dans des mains habiles auxquelles l'argent ne manque ni pour exploiter ni pour améliorer.

L'amas d'obligations pressantes, qui a entouré le gouvernement depuis la restauration, ne lui a pas permis de s'occuper jusqu'à présent, avec suite, de la régularisation de la dette intérieure. Toutefois, la portion liquidée n'en a jamais été totalement négligée; c'est tout ce qu'ont permis les circonstances; mais nous sommes convaincus que le

á servir los demas ramos de la administracion; con-
cluyéndose de todo que la posicion de la Monarquía española es la mas ventajosa, respecto de sus acreedores
no solo bajo el concepto de los recursos que posee,
efecto de su arreglo y economias, síno tambien por la
estabilidad y solidez de su *lejitimo* Gobierno que con
una *sabia moderacion* atiende infatigable á proteger
quanto puede contribuir á la prosperidad del Estado,
asegurar el orden é inspirar la confianza, alma del cre-
dito, y auxiliares poderosos para la regeneracion de los
pueblos.

ministère y pense sérieusement; et nous pouvons assurer dès aujourd'hui que la consolidation de cette dette donnera des moyens abondans de parvenir à son amortissement et au paiement de l'intérêt, sans qu'il soit nécessaire de recourir aux fonds destinés au service des autres rameaux de l'administration.

On doit donc conclure de tout ceci que la position de la monarchie espagnole est la plus avantageuse qui puisse être désirée par ses créanciers, non-seulement sous le rapport des ressources que lui ont assurées l'ordre et l'économie, mais encore par la stabilité et la solidité de son légitime gouvernement qui, avec une *sage modération*, est attentif et infatigable à protéger tout ce qui peut contribuer à la prospérité de l'Etat, affermir l'ordre et faire naître ainsi la confiance, ame du crédit, puissans auxiliaires de la régénération des peuples.

ESTADO

DE LAS OBLIGACIONES DEL GOBIERNO ESPAÑOL EN EL
EXTRÁNGERO , Y QUE PESAN SOBRE SU REAL CAJA DE
AMORTIZACION.

Emprestito real (Guébhard).

El capital de este emprestito , en su orígen , fue de
83,5oo obligaciones , de á 2oo pesos fuertes cada una ,
divididas en 2o anualidades : hasta el día , han sido sorteadas y reembolzadas 5 , por consiguiente restan en
circulacion 15 series de á 4,175 obligaciones, su valor.
Pesos fuertes. 12,525,ooo

De esta suma , deberá rebajarse el valor de las obligaciones convertidas en renta perpetua, cuya cantidad
ignoramos.

Los intereses de este emprestito al 5 p. o⁄o, se pagan
por simestres, en Paris (1° de enero y 1° de julio), disminuyendo á proporcion del reembolzo de las series.

Esta obligacion cesará totalmente en el periodo de
15 años, y á proporcion del reembolzo de las series , se
disminuirá el capital é intereses.

Renta perpetua de España.

El pago de los intereses de esta renta, al 5 p. o⁄o de
la emitida hasta el dia , en virtud del real decreto de 8
de mayo de 1824, cuya amortizacion, de uno p. o⁄o, á
interés compuesto , fué declarada por el decreto de 15
de diciembre de 1825, de que se hace mencion en las
inscripciones. Pesos fuertes. 1,266,5oo

Para la amortizacion á 1 p. o⁄o , interés compuesto,
con arreglo al citado decreto de 15 de diciembre de
1825, la cual se efectua diariamente en concurrencia

OBLIGATIONS

Emprunt royal (Guébhard).

Le capital de cet emprunt fut à son principe de quatre-vingt-trois mille cinq cents obligations de 200 piastres fortes chacune, divisées en vingt annuités. Jusqu'à ce jour cinq ont été désignées par le sort et remboursées ; par conséquent il en reste en circulation quinze séries composant quatre mille cent soixante-quinze obligations valant ensemble, en piastres fortes. . . . . 12,525,000 fr.

Il faudra distraire de cette somme les obligations converties en rente perpétuelle, dont nous ignorons la quantité.

Les intérêts à 5 p. 100 de cet emprunt sont payés par semestre à Paris, les 1er janvier et 1er juillet ; ils diminuent au fur et à mesure du remboursement des séries.

Cette obligation aura donc diminué proportionnellement, et sera complètement éteinte en capital et intérêts, au bout de quinze années.

Rente perpétuelle d'Espagne.

Le paiement de l'intérêt à 5 p. 100 de la quantité de cette rente émise jusqu'à ce jour en vertu du décret royal du 8 mai 1824, et dont l'amortissement a été fixé à 1 p. 100 à *intérêt composé*, par le décret du 15 décembre 1825, relaté sur les inscriptions même, s'élève, en piastres fortes, à. . . . . 1,266,500 fr.

Et l'amortissement de 1 p. 100 *intérêt composé*,

pública, turnando su compra entre los agentes de cambio, dándose aviso en diferentes epocas de los números de las inscripciones retiradas de la circulacion. Pesos fuertes. 253,3oo

Los intereses de la deuda perpetua y el fondo destinado á su amortizacion, *interés compuesto*, con arreglo al expresado decreto de 15 de diciembre de 1825. Cesarán despues de 25 años, pues que estará totalmente amortizada en este espacio, continuando el valor de este renta, á la proporcion del 5o p. o/o en inteligencia, que si el aumento de su precio hace dilatar el reintegro, será *con una ventaja segura* para los actuales tenedores de este papel.

Deuda inglesa.

Para el pago de intereses, 5 p. o/o, correspondiente á las inscripciones entregadas al gobierno britanico, en virtud del tratado, concluido en 28 de octubre de 1828, su capital 3,000,000 de pesos fuertes. . . . 15o,ooo

Por el tratado que se cita, puede el gobierno español, recojer estas inscripciones, en el periodo de 4 años al 55 p. o/o de su valor, y pasado este termino, al 6o p. o/o, en la epoca que le acomode, dando aviso anticipado de seis meses, segun se expresa en las mismas inscripciones; por consiguiente, es un capital menor que el que figura, para quando el gobierno católico determine reembolzarlo, lo que regularmente sucederá, pues que la constante puntualidad en satisfacer sus deudas *legitimas*, le proporcionará, en lo succesivo, recursos abundantes, y á menos sacrificios que hasta aora.

Deuda interina a favor del real tesoro de Francia.

Para el pago de intereses, de la cantidad de 80,000,000 de francos reconocida é inscripta *provisionalmente*, en el gran libro de la deuda pública de España, goce de

aux termes du même décret du 15 décembre 1825,
qui s'effectue journellement avec concurrence publique, à tour de rôle, par des agens de change,
et en donnant avis, d'époque en époque, des
numéros d'inscription retirés de la circulation,
à. . . . . 253,300 fr.

Les intérêts de la dette perpétuelle et le fonds
destiné à son amortissement à *intérét composé*
selon le décret précité du 15 décembre, disparaî-
tront au bout de vingt-cinq ans ; car alors toute
la dette sera amortie, cette rente se soutenant seulement à la valeur de 50 p. 0/0, en sorte que si la
hausse venait à retarder le remboursement, il y
aurait, pour les porteurs de ces effets, un bénéfice
assuré.

Dette anglaise.

Pour le paiement des intérêts à 5 p. 0/0 des
inscriptions livrées au gouvernement britannique, en vertu du traité conclu à Londres le 28 octobre 1828, au capital de 3,000,000 de piastres
fortes. . . . . 150,000 fr.

Par le traité même, l'Espagne peut retirer ses
inscriptions dans le cours de quatre années, au
prix de 55 p. 0/0 de leur valeur nominale ; et passé
ce terme, au prix de 60 p. 0/0 quand elle le dési-
rera en prévenant six mois d'avance, ce qui est
exprimé sur les inscriptions même. Par conséquent,
ce capital est effectivement moindre qu'il ne le pa-
raît, si le gouvernement catholique se décide à le
rembourser, ce qui doit naturellement arriver
puisque son exactitude à payer ses dettes *légitimes*
doit lui faire trouver à l'avenir des ressources
moins onéreuses et plus abondantes que celles
qu'il a obtenues jusqu'à ce jour.

Dette provisoire en faveur du trésor royal de France.

Pour le paiement des intérêts à 3 p. 0/0 de la

3 p. o⁄o, á favor de la Francia, con sujecion á las alteraciones que resulten de la liquidacion , que deberá hacerse , en un año, de la fecha del susodicho tratado, de 3o de diciembre de 1828. Francos. 2,400,000

Para servir el 2 p. o⁄o de amortizacion , *á interés compuesto*, segun el artículo 2° del referido combenio. Francos. 1,600,000

Estas obligaciones á fabor de la Francia, que solo son *interinas* , y dependientes del resultado que arrojen las reclamaciones de ambas potencias, se reducen á un tiempo determinado, pues que la fuerta suma de 2 p. o⁄o *á interés compuesto*, destinada á operar su amortizacion , la extinguirá totalmente en un breve periodo.

somme de 80,000,000 de fr. reconnue et inscrite *provisoirement* au Grand-Livre de la dette publique espagnole, au profit de la France, sujette à réglement et modification après le résultat des réclamations qui doivent être faites dans le terme d'un an, à partir de la date du traité du 30 décembre 1828, en fr. . . . . 2,400,000 fr.

Pour le service des 2 p. 0⁄0 d'amortissement à *intérét composé* aux termes de l'article 2 du même traité, en fr. . . . . 1,600,000 fr.

Ces obligations en faveur de la France ne sont que *provisoires* et dépendantes du résultat que produiront les réclamations respectives des deux puissances, elles ne peuvent durer qu'un temps déterminé puisque la forte somme de 2 p. 0⁄0 à *intérét composé*, destinée à l'amortir, doit l'éteindre totalement dans une courte période.

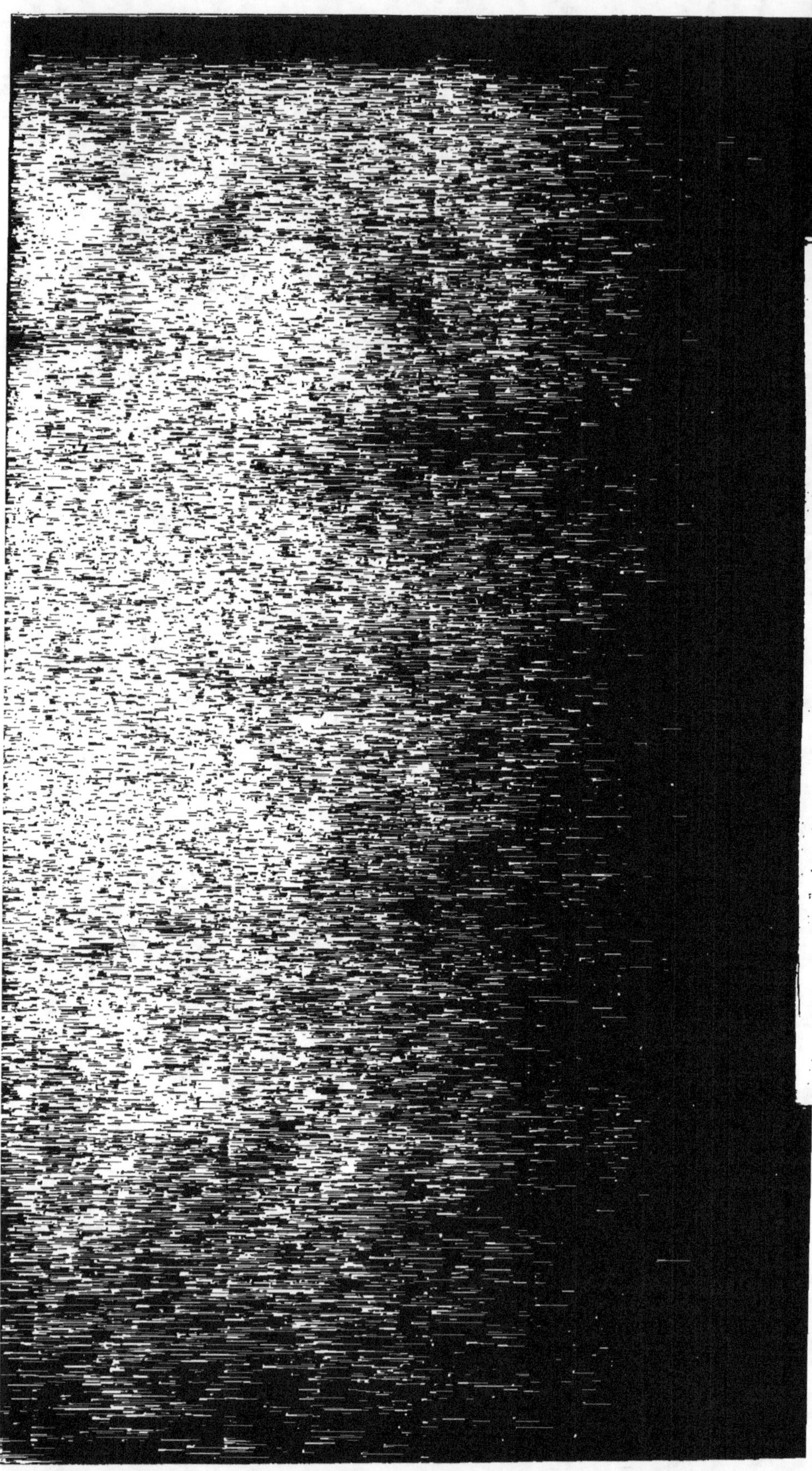

www.ingramcontent.com/pod-product-compliance
Lightning Source LLC
Chambersburg PA
CBHW061647060726
47597CB00005B/2086